# DÉSASTRES CAUSÉS

## PAR

# LA GUERRE DE CENT ANS

## AU PAYS DE VERDUN-SUR-GARONNE

### A LA FIN DU XIVᴱ SIÈCLE

PAR

## M. L'ABBÉ GALABERT

Extrait du *Bulletin du Comité des travaux historiques et scientifiques.*
(Section d'histoire et de philologie, année 1893.)

PARIS

## ERNEST LEROUX, ÉDITEUR

28, RUE BONAPARTE, 28

—

1894

# DÉSASTRES CAUSÉS

## PAR

# LA GUERRE DE CENT ANS

## AU PAYS DE VERDUN-SUR-GARONNE

### A LA FIN DU XIVᵉ SIÈCLE

PAR

## M. L'ABBÉ GALABERT

Extrait du *Bulletin du Comité des travaux historiques et scientifiques.*
(Section d'histoire et de philologie, année 1893.)

## PARIS

### ERNEST LEROUX, ÉDITEUR

28, RUE BONAPARTE, 28

1894

# DÉSASTRES CAUSÉS



## LA GUERRE DE CENT ANS

### AU PAYS DE VERDUN-SUR-GARONNE

#### A LA FIN DU XIVᵉ SIÈCLE

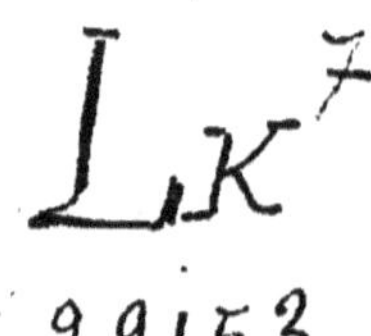

# DÉSASTRES CAUSÉS

PAR

# LA GUERRE DE CENT ANS
## AU PAYS DE VERDUN - SUR - GARONNE
### A LA FIN DU XIVᵉ SIÈCLE

Communication de M. l'abbé Galabert.

La judicature de Verdun, vaste circonscription administrative, créée sous saint Louis, était limitrophe des possessions anglaises avant comme après le traité de Brétigny; elle dut à sa situation géographique à l'extrémité du Languedoc, dont elle devait être détachée plus tard, de grandement souffrir pendant la guerre de Cent ans; les incursions des bandes anglaises y portèrent la désolation, et firent de la plupart des villes et villages de cette contrée fort riche, sinon un désert, du moins une ruine fumante.

Nous n'avons pu recueillir d'assez nombreux documents sur toute la judicature; c'est pourquoi nous avons restreint notre travail au pays de Verdun et aux cantons limitrophes, et encore pour la seconde moitié du XIVᵉ siècle seulement.

Dès que les soldats anglais avides de pillage, dépassant le territoire de la Guyenne, envahirent le territoire du Languedoc, les bourgeois comprirent la nécessité de fortifier leurs villes, et en demandèrent la permission au roi. A Castel-Sarrasin, dès 1337, on avait clos d'un mur la porte de Garonne et enduit la tour de l'avenue de Moissac [1].

Verdun avait obtenu, en 1342, la faveur de relever son enceinte détruite en vertu d'un article du traité de Paris [2]. Grenade avait obtenu cette permission l'année d'auparavant [3]. En 1345, Saint-Nicolas-de-la-

[1] *Histoire de Languedoc*, t. X, Preuves, nᵒ 308.

[2] A. Jougla, *Monographie de l'abbaye de Mas-Grenier*, p. 91. Malheureusement, cet auteur, dont les assertions sont sujettes à caution, ne donne pas de références, quand il dit que le Prince Noir donna l'assaut à la ville et en brûla les principaux édifices au retour de la brillante expédition de 1355.

[3] *Histoire de Languedoc*, t. IX, p. 630, note. — Grenade obtint cette permis-

Grave était une forteresse [1]. Les villages, suivant l'impulsion donnée par les villes, sollicitèrent des seigneurs la permission de construire des forts, fortalices ou réduits en proportion avec leurs besoins. Faudoas était remparé en 1352 lorsque Jean de l'Isle chargea Béraud de Faudoas, seigneur du lieu, de défendre cette place [2]. Dès avant 1359, Sérignac avait une enceinte fortifiée; le périmètre en était même tellement étendu que les habitants ne pouvaient le remplir; aussi le 4 février ils obtinrent du prieur, G. d'Aigrefeuil, la permission de fermer une porte au midi par où l'ennemi aurait pu facilement s'introduire, faute d'habitants [3].

Le village de Saint-Porquier était muré en 1359 quand, de concert avec les bourgeois d'Escatalens, et les moines gardiens du château abbatial, Jean Ayméric, chef des Routiers de Cordes, pilla les maisons bâties en dehors des fossés de la place [4]. Aucamville s'imposa en 1360 une contribution de 35 florins d'or pour relever ses murailles [5]. Les habitants du Burgaud avaient à leur frais remparé leur ville; aussi, le 9 novembre 1360, le commandeur du lieu les exempta de tout acopte à sa mort, à la mort du prieur de Toulouse et à la mort du grand-maître [6].

Au lieu de mettre un terme aux incursions de la soldatesque, le traité de Brétigny y donna un nouvel élan; les bandes licenciées et sans solde formèrent les Grandes compagnies. Celles-ci, composées d'aventuriers français, anglais et même gascons, de cadets et de bâtards qui portaient haut l'écu paternel chargé d'une brisure, vivant de pillage et de rapines, fondaient au cri de « Guyane et Saint-Jorge », sur le laboureur, lui enlevaient son bétail, détroussaient les marchands, puis, repassant la frontière, allaient mettre leur butin en sûreté à Moissac ou à Puymirol, ou dans tout autre repaire. Aussi les populations des campagnes ne pensaient qu'à se mettre à l'abri, elles et leurs bestiaux, derrière des remparts.

D'accord avec l'abbé de Moissac, leur seigneur, les habitants d'Escatalens résolurent, en 1366, de construire un fort au milieu de la bastide ou auprès du château abbatial; ils s'engagèrent à fournir dix hommes la nuit et quatre le jour pour la garde du château [7]. Cordes-Tolosanes

sion de Guillaume de Flavacourt, archevêque d'Auch, avec le droit d'exproprier les censitaires du roi et de l'abbé de Grandselve dont les tenures se trouveraient sur le tracé des fortifications projetées.

[1] *Histoire de Languedoc*, t. IX, p. 573. Les commissaires du roi vendirent aux moines de Moissac, afin de se procurer des ressources pour la guerre, cette forteresse qui avait appartenu aux comtes de l'Isle-Jourdain.

[2] *Idem*, t. IX, p. 637.

[3] Archives de Tarn-et-Garonne, fonds de Moissac, G. 705, établi par M. Dumas de Rauly, archiviste.

[4] *Idem*, G. 700.

[5] Archives communales d'Aucamville. Comptes consulaires.

[6] Archives communales du Burgaud. Pièce en parchemin.

[7] Archives de Tarn-et-Garonne, fonds de Moissac, G. 700.

était déjà fortifié en 1367; il en était de même de Garganvilar [1]. Le 28 janvier de la même année, Talleyrand, vicomte de Périgord, et l'abbé de Belleperche, en qualité de coseigneurs, permirent aux habitants d'Angeville de construire un fort auprès de l'église du lieu; ceux-ci s'engagèrent à y entretenir une garde de quatre hommes armés la nuit et de deux le jour, plus un homme pour faire le guet; ceux qui manqueraient à l'appel devaient encourir une amende de deux croisés dont bénéficieraient leurs remplaçants. L'année suivante, les coseigneurs autorisèrent les habitants à prendre des tuiles, briques et bois pour construire des maisons dans les rues restées indivises [1].

D'autres fois les villages durent, à cause de l'arrivée des paysans qui cherchaient un refuge, donner à leurs remparts un plus grand développement; là les hommes, enfermant leurs animaux au rez-de-chaussée, s'entassaient dans les étages surplombants de maisons exiguës, sans air ni lumière, construites en pans de bois dont on voit encore les restes. A Larrazet, outre l'ancien réduit, il y avait en 1367 un fortalice en construction; après estimation faite par experts, l'abbé de Belleperche, seigneur du lieu, donnait des emplacements de maisons à ceux qui en réclamaient; toutefois, l'entreprise ne touchait pas à son terme en 1370, car les consuls vendaient pour trois ans, au prix de 75 florins, le droit de taverne, afin de parer aux frais [2]. En 1375 Montech avait ajouté un nouveau réduit à l'ancien fortalice devenu insuffisant [1]. Trop pauvres ou trop peu nombreux pour faire les frais d'une enceinte fortifiée, les habitants d'Esclapats abandonnèrent leur village et consulat pour se retirer à Saint-Aignan en 1371; là, tant que le réduit était en construction, le prieur les autorisa à résider dans les chambres du monastère laissé vide par les religieuses qui s'étaient retirées dans l'hôpital Saint-Louis, à Castel-Sarrasin [3].. Avant 1367, les moines de Grandselve avaient de même quitté leur monastère, *propter timorem gencium armorum, inimicorum ac latrunculorum*; ils s'étaient réfugiés derrière les murs de Grenade, leur bastide [6].

Nombre de villages ouverts et de hameaux disparurent alors pour ne plus se relever; tels sont ceux de Montfourcaud et de Rayssac près de Montbéqui, ceux de Basconia, Seysses et Fromissard non loin de Montech, celui du Bousquet près de Saint-Cézert, ceux de Ricancelle et Puyvidal près de Bouillac, ceux de Boiville, Caujac sur le territoire de la commune de Verdun; celui de Cannac à Larrazet; de ceux-là on pourrait dire *Etiam periere ruinæ*, car à peine en reste-t-il même les noms.

---

[1] Minutes de Pierre Bailini, notaire, à Cordes-Tolosanes.
[2] Pierre Bailini, notaire de Cordes-Tolosanes.
[3] *Idem.*
[4] Fortanier de Podio, notaire, à Montech.
[5] Pierre Bailini, notaire de Cordes-Tolosanes.
[6] *Idem.* Acte de procuration reproduit dans un bail à cens de 1375.

Voici quelques échantillons des affreuses prouesses des Routiers. Antoine, bâtard de Terride, allié à divers capitaines, poussait les incursions jusqu'à Fronton, Bonlieu, Sainte-Foy, Cordes d'Albigeois, s'emparait des forts, ne se faisait nul scrupule d'enlever leurs chevaux aux religieux de Grandselve ou du Mas-Grenier, les attelages de bœufs aux chevaliers de Saint-Jean, d'outrager la femme de Guillaume Molinier, parce que ce dernier avait guerroyé contre les habitants de Sarrant [1].

Du haut du fort de Bourret, d'où il avait chassé Maragde, veuve de Bertrand de Terride, dame du lieu, Gautié Vaquié, damoiseau de Verdun, faisait, avec ses hommes d'armes, irruption sur les terres des seigneurs voisins, pillait et volait [2]. Innombrables étaient les méfaits commis par les compagnies de Bourret, qui, en 1381, sous le pennon de Benoît Chapperel, partisan du roi, faisaient des razzias en Toulousain, Albigeois, Quercy et Rouergue [3]. Les compagnies, en garnison à Corbarieu, attaquaient Gargas, puis se dirigeaient vers Le Causé, parce que Terride, son seigneur, avait combattu les miliciens des communes liguées en 1381 contre les pillards [4]. Le capitaine Jean Ayméric occupait Cordes-Tolosanes en 1359, et les habitants d'Escatalens, de concert avec les moines qui gardaient le château abbatial, avaient, au mépris des défenses royales, fait cause commune avec les *Compagnies maudites* et festoyé avec elles [5]. Au retour d'Espagne, où Du Guesclin les avait emmenées, les Grandes Compagnies continuèrent leurs rapines en 1366 ; le duc d'Anjou les ayant attaquées à Montech, les battit d'abord, mais les Montalbanais étant venus à leur aide, ils furent victorieux sur la fin du jour ; Héliot Renouard, capitaine de Verdun, fut fait prisonnier, et Jean-Jourdain, seigneur d'Aucamville et Merville, délivra le vicomte de Narbonne. L'année suivante, la compagnie d'Olivier de Mauny commit de grands désordres à Castel-Sarrasin [6].

Les vexations et les pillages firent le plus grand tort à l'agriculture. Travaillant leurs terres d'une façon sommaire et en toute crainte des Routiers, les paysans entendaient-ils sonner le tocsin annonçant l'approche des pillards, qu'ils rentraient au plus vite dans les forts. Beaucoup d'entre eux abandonnèrent leurs fiefs, ou ne consentirent à les garder que sous des redevances réduites de la moitié ou des trois quarts ; c'est ce qui eut lieu en 1375, aux environs de Montech, pour les fiefs tenus de l'abbaye de Grandselve, et en 1369 pour les fiefs tenus à Escatalens de l'abbaye

[1] *Histoire de Languedoc*, t. X, Preuves, n° 583.
[2] *Idem*, n° 624.
[3] *Idem*, n° 742.
[4] *Idem*, n° 703. Terride n'avait d'autre but, en combattant les milices, que de défendre ses terres et ses vassaux. Bourret, pris par les milices, lui appartenait.
[5] Archives de Tarn-et-Garonne, fonds de Moissac, G. 700.
[6] *Histoire de Languedoc*, t. IX, 783, 784, 790.

de Moissac [1]. Le monastère de Grandselve fut tellement appauvri par les désertions et les pillages que, déjà en 1348, le roi Philippe VI exempta les religieux du paiement des dîmes accordées par le pape, et cette exemption fut renouvelée plus tard [2]. Les moines de Belleperche, bien que réduits au chiffre de vingt environ, étaient tellement dénués de ressources que, le 9 janvier 1376, le maître des eaux dut leur permettre d'établir des barrages dans la Garonne, afin d'y prendre le poisson nécessaire à leur subsistance [3]. Les revenus continuèrent à diminuer, si bien qu'ils n'étaient plus que de 300 livres tournois au lieu de 2,000 en 1435, et ceux du monastère de Saint-Aignan de 15 livres [4]. Afin de pouvoir payer les droits de la chambre apostolique, les moines de Moissac unirent en 1389 le prieuré de Sérignac à la mense abbatiale appauvrie [5].

Les villes et villages n'eurent pas moins à souffrir. Malgré la trêve de 1350, les pillards anglais s'emparèrent de Dunes et de Beaumont; il semble même que la ville de Grenade soit tombée en leur pouvoir et ait été saccagée [6]. Cordes fut plus tard livrée aux flammes; il en fut de même de Saint-Aignan : en 1435 les religieuses n'avaient pu y rentrer encore, et le prieur lui-même s'en était allé gagner sa pauvre vie [7]. Le village, aujourd'hui hameau, d'Enconde, près de Maubec, reçut en 1388 les Routiers sous la conduite de Sans-Garcie de Manas, seigneur d'Avezan, et ne put jamais se relever de cette plaie [8]. Un grand nombre de villages avaient vu tellement diminuer leur population, ou du moins leurs ressources, que les officiers du roi durent plusieurs fois procéder à la *réparation* ou recensement des feux qui étaient la base de l'assiette financière de l'impôt, non de sa répartition.

En 1409, Drudas déchargé 5 fois, n'était plus imposé que pour 1/4 de feu

| | | | | | |
|---|---|---|---|---|---|
| — | Ardisas | 4 | — | — | 1 1/2 — |
| — | Cordes | 4 | — | — | 2 — |
| — | Sarrant | 4 | — | — | 4 — |
| — | Brignemont | 4 | — | — | 4 — |
| — | Le Bousquet | 4 | — | — | 1/4 — |
| — | Saint-Sardos | 4 | — | — | 4 — |
| — | Lagraulet | 3 | — | — | 1/4 — |
| — | Le Burgaud | 3 | — | — | 3 — |

[1] P. Ballini, notaire de Cordes-Tolosance.

[2] *Histoire de Languedoc*, t. VIII, col. 1881.

[3] Collection Doat, vol. 92, f° 336.

[4] *Idem*, f° 365.

[5] Archives de Tarn-et-Garonne, fonds de Moissac, G. 705.

[6] *Histoire de Languedoc*, t. IX, 619.

[7] Collection Doat, vol. 92, f° 365.

[8] *Bull. arch. de Tarn-et-Garonne*, t. VI, p. 387. *Une ville disparue, le hameau d'Enconde*, par M. P. Du Faur.

| | | | | | |
|---|---|---|---|---|---|
| En 1409, Beaupuy déchargé | 3 fois, | n'était plus imposé que pour | | 1 | feu |
| — Bouillac | 3 | — | — | 1 | — |
| — Solomiac | 3 | — | — | 3 | — |
| — Marignac | 3 | — | — | 1 | — |
| — Les Boulvènes | 2 | — | — | 1/2 | — |
| — Cologne [1] | 5 | — | — | 8 | — |

Ces villages, naguère si prospères que les riches mourants pouvaient donner aux pauvres, au jour de leurs funérailles ou à la Toussaint prochaine, un ou plusieurs setiers de froment ou de mixture, une ou plusieurs pipes de vin pur, un porc valant 1 ou 2 florins pour assaisonner deux quartières de fèves cuites; ce pays naguère si riche où se pratiquaient les dons de draps de lit aux maladreries et hôpitaux [2] des campagnes, et les legs aux pauvres filles à marier; ces terres fertiles où le vin était si commun qu'il servait à faciliter les transactions, qu'il était devenu, nous le verrons plus bas, matière à impôt [3], et où les vendanges donnaient droit à une exception de paiement [4]; cette contrée où les paysans étaient si à leur aise, qu'ils avaient des lits avec de bonnes couchettes, avec deux traversins (*pulvinaria*) de plume [5], des courtes-pointes et des draps de lit de trois largeurs; ce pays où les nouvelles mariées recevaient pour trousseau le surcot si connu et si gracieux, fourré de peaux d'écureuil, le manteau fourré de *goletas*, la tunique en bon drap de laine valant jusqu'à 2 et 3 francs d'or la canne, ce qui mettrait le prix de revient du mètre à plus de 20 francs de notre monnaie; ce pays était à demi inculte, ces paysans étaient ruinés par les rançons énormes payées aux pillards; ces villages étaient tellement appauvris qu'ils ne pouvaient que difficilement payer l'impôt.

Nombre de consulats étaient endettés; quelques exemples seulement.

En 1371, les sergents arrivent à Aucamville, saisissent et vendent à l'encan les traversins, chaudrons et autres ustensiles de ménage de ceux qui étaient en retard pour le paiement des contributions [6]. En 1375, les

[1] Archives communales du Burgand. Ordonnance de Roger d'Espague, seigneur de Montespan, sénéchal de Toulouse, du 1er novembre 1409, qui, vu la dépopulation, décide que l'on n'imposera plus d'après le nombre ancien des feux, mais d'après le nombre actuel, à raison de 1 franc par feu.

[2] Outre ces legs aux hôpitaux du pays, il y en avait d'autres aux quatre hôpitaux généraux de Roncevaux, du Puy, de Saint-Antoine du Viennois, de Sainte-Quitterie d'Acre.

[3] Le 16 juillet 1370, le duc d'Anjou à Grenade ordonna la levée d'un impôt sur chaque charge de vin (*Histoire de Languedoc*, t. IX, p. 818).

[4] Le 8 septembre 1371, il y avait du vin nouveau à Castelferrus; le 6 septembre 1548, on était en pleines vendanges à Cordes; je signale cette précocité aux viticulteurs.

[5] Ces *pulvinaria* dont les étoffes avaient les dimensions de 3 empans sur 16, c'est-à-dire 0m,66 sur 3m,52 seraient-ils des édredons?

[6] Archives communales. Comptes consulaires.

habitants de Lavilledieu reçoivent, de par le trésorier des guerres, la visite des sergents du Châtelet pour 161 francs d'or dus à cause de la guerre de Guyenne [1]; les consuls de Montech doivent à Jean Jude, trésorier royal de Toulouse, 62 francs d'or pour la réparation des feux faite par le juge de Villelongue, et 60 florins d'or prêtés par l'évêque de Montauban pour acquitter l'impôt [2]. Le 18 avril 1369, les habitants de Cordes doivent le quatrième quartier, soit 31 francs d'or et l'écu pour l'impôt royal de 12 deniers par livre, et le 13ᵉ du vin imposé pour armer les gens d'armes; le receveur veut faire mettre les biens à l'encan, mais le baile se refuse à démonter les portes et à les briser. Les consuls eurent alors recours aux banquiers de l'époque, et, trois ans après, ils devaient 66 francs d'or à Vivian Bénech, juif de Toulouse, et à Isalier de Perpinhano, juif de Carcassonne [3].

Dans ces temps si troublés (c'était inévitable), la justice clochait plus d'une fois. Les juges consulaires, quoique éclairés par des assesseurs légistes, se montrent pleins d'indulgence, en 1367, à Cordes où ils renvoient libres trois habitants convaincus d'avoir volé de nuit, dans une ferme, un grand nombre de porcs et de les avoir vendus dans les possessions anglaises à Moissac ou à Puymirol [4]; à Castelferrus, en 1371, où, bien que *de vultu Dei prodeant judicia et oculi videant æquitatem*, comme le dit le juge en ses considérants, un homme qui avait volé une charrue est relaxé [5]. Les juges des grands feudataires, tous clercs du roi, et offrant à cet égard plus de garanties d'indépendance et de science juridique, n'étaient pas non plus des modèles d'équité, s'il faut en croire la lettre de Jean, comte de Poitiers, datée à Verdun le 19 mai 1358, qui instituait des commissaires réformateurs des sénéchaux, baillis, prévôts, juges, etc. [6]. Quant aux officiers du roi, ils avaient inauguré, avant 1340, un nouveau mode de justice consistant à racheter par des amendes les crimes et délits [7]; mais, dans la second· moitié du siècle, la rémission, même sans compensation pécuniaire, semble acquise de droit, surtout à celui qui peut faire valoir les services rendus pendant la guerre. C'est, en 1351, le cas de plusieurs hommes de Bertrand de l'Isle, seigneur de Launac, impliqués dans une querelle qui avait entraîné mort d'homme et poursuivis par le juge de Verdun. Il est vrai que, au moment où les Anglais menaçaient le Toulousain, il eût été impolitique de mécontenter un des principaux seigneurs de la Gascogne toulousaine, membre de la puissante famille de l'Isle-Jourdain [8]. Antoine, bâtard de Terride, reçut en 1371

---

[1] Fortanier de Podio, notaire de Montech.
[2] *Idem.*
[3] P. Ballini, notaire de Cordes-Tolosanes.
[4] *Idem.*
[5] *Idem.*
[6] *Histoire de Languedoc*, t. X, Preuves, col. 1142
[7] *Idem*, Preuves, n° 420-CXIII, 308, etc.
[8] *Idem*, t. X, Preuves, note p. 629.

des lettres de rémission de ses nombreux méfaits, parce qu'il avait délivré deux chevaliers des mains des ennemis [1]. Gautié Vaquié, qui s'était emparé de Bourret, reçut en 1337 le pardon de ses vols et autres crimes [2]. Thomas Neveu, à cause de ses exploits à la guerre de Flandre, obtint en 1392 ses lettres de rémission pour les razzias opérées dix ans auparavant, dans quatre provinces [3]. Enfin, les bourgeois d'Escatalens, qui n'avaient aucun service à faire valoir, obtinrent, en 1362, rémission du fait d'avoir prêté la main aux Routiers de Cordes, en payant une amende de 260 francs d'or [4].

Si les courses des Routiers n'avaient eu de cesse, c'était la ruine complète du pays, la famine et la mort des habitants à bref délai. Dans cette extrémité, les habitants traitèrent avec les Compagnies. Au moyen de conventions appelées *patis* ou *suffertas*, obtenues à prix d'argent et souvent renouvelées, le paysan pouvait, sans trop de risque, cultiver ses champs, garder son bétail et ses récoltes. En 1386, les Anglais avaient fait des courses jusqu'aux environs de Toulouse, et toutes les villes et villages s'étaient apatisés avec eux [5]. Le roi pardonna plus tard ces transactions plus ou moins coupables, et ce fut pour lui un moyen de battre monnaie. Castel-Sarrasin et Beaumont payèrent leurs lettres de rémission en 1384; Grenade les obtint gratuitement [6]. Aucamville les obtint aussi en 1390 [7]. Ce village avait traité dès 1380 avec les Routiers de Bourret; les consuls payèrent au capitaine 7 francs 4 gros, puis ils lui portèrent du vin sur l'ordre de Pierre de Nizam. Obtenir la neutralité d'une compagnie ne suffisait pas, il fallait financer pour toutes les autres; aussi voyons-nous les autres chefs de bandes accourir à Aucamville et y festoyer. Ce sont les seigneurs de Durban, Bertrand de Launac, Raymond de Marquefave et plusieurs autres [8]; puis c'est Pierre de Montaut qui reçoit un pipot de vin pour lui et ses hommes d'armes. Ce sont encore les capitaines de Savenès, Pierre et Bertrand de Banèges qui touchent pour 24 gros 1/2 de vin et 17 gros d'avoine. C'est le capitaine Ménadut qui reçoit ensuite du pain pour 20 gros. Plus tard, au moment de la récolte, à la Saint-Jean-Baptiste, le même capitaine Menadut revient, et, avec le capitaine del Poco, il reçoit pour 7 gros de vin [9].

[1] *Idem*, n° 583.
[2] *Idem*, n° 624.
[3] *Idem*, n° 742.
[4] Archives de Tarn-et-Garonne, fonds de Moissac, G. 700.
[5] *Histoire de Languedoc*, t. X, Preuves, n° 687-CLXII.
[6] *Idem*, t. IX, 918-919.
[7] Archives communales d'Aucamville. Comptes consulaires.
[8] *Item solverunt capitaneo de Borrello pro pati VII francos IIII grossos.*
*Item portaverunt vinum apud Borrellum ex parte domini Petri de Nizam.*
*Item dederunt prandium domino de Durban, Bertrando de Launaco, Raymundo de Marcafabba et pluribus aliis; decostitit VIII grossos.*
[9] Archives communales d'Aucamville. Comptes consulaires.

Fatiguées des incursions et des pillages, les communes du pays se concertèrent en 1381, prirent Bourret et dispersèrent ces bandes de pillards [1].

Castelcuiller en Agenais, qui avait déjà obtenu en 1368, des consuls d'Aucamville, une contribution de guerre de 25 francs, paraît avoir été un des derniers refuges des Routiers. En 1390, ceux-ci avaient fait prisonniers quatre hommes d'Aucamville, dont trois consuls; il les retinrent prisonniers pendant sept mois, jusqu'à complet paiement de leur rançon [2]. Par deux fois, en 1393 et 1396, le roi leva un impôt spécial de 12 et 16 sols par feu, pour retirer cette place des mains de Bertrand, bâtard d'Armagnac [3].

Une question en finissant : les officiers du roi furent-ils imitateurs ou complices des pillards?

Les écuyers, hommes d'armes et valets qui, sous la protection du fort de Bourret, commirent de 1378 à 1381 tant de méfaits, servaient sous le pennon de Benoît Chapperel, partisan du roi [1]. En 1380, les consuls d'Aucamville, avant de traiter avec ces Routiers, envoyèrent deux fois à Grenade prendre l'avis du lieutenant du juge; la réponse qu'ils obtinrent peu après coûta 8 gros; plus tard, ils consultèrent le même personnage pour savoir s'ils devaient tenir l'engagement qu'ils avaient pris [5]. Déjà en 1373, ils payaient directement au capitaine de Verdun 2 francs d'or pour un pati; le jour de Pâques, ils lui remirent 12 gros, et, après la Saint-Martin, une paire d'oies coûtant 6 gros et une paire de gélines coûtant 7 gros [6].

Faut-il conclure de là que hommes de guerre, juges et capitaines pillaient eux aussi les sujets du roi, et que, marchant sur les brisées des Routiers, ils vendaient leur neutralité et ajoutaient à leurs émoluments le fruit de leur rapine? De la part de Chapperel, il ne serait peut-être pas téméraire de l'affirmer; quant au lieutenant du juge, voyant l'impuissance du roi à protéger ses vassaux, il crut peut-être bon d'autoriser le pati. Le cas du châtelain de Verdun est plus embarrassant; pour en juger sainement, il faudrait peut-être d'autres renseignements.

---

[1] *Chronique* de Miquel del Verms publiée dans le *Panthéon littéraire*, communiquée par M. Edmond Cabié.

[2] Archives communales d'Aucamville. Comptes consulaires.

[3] *Histoire de Languedoc*, t. IX, 968 et 973.

[4] *Idem*, t. X, Preuves, n° 742.

[5] *Iverunt Granatam pro servando pati de Borrello. Item steterunt Granata pro videndo si possent habere pati cum illis de Borrello; per II dies expedierunt II grossos.*

*Item habuerunt unam litteram domini locumtenentis de dicto pati; decostitit VIII grossos.*

*Item ivit Johannes Ponsoti Granatam pro videndo si tenerent pati; expedit I grossum.*

[6] Archives communales d'Aucamville. Comptes consulaires.

ANGERS, IMP. BURDIN ET Cⁱᵉ, 4, RUE GARNIER.

ANGERS, IMP. A. BURDIN ET C<sup>ie</sup>, RUE GARNIER, 4.

ANGERS, IMP. A. BURDIN ET Cⁱᵉ, RUE GARNIER. 4.

www.ingramcontent.com/pod-product-compliance
Lightning Source LLC
LaVergne TN
LVHW020108070726
842525LV00018B/2323